DEFFY DE LA LANGVE
FRANÇOISE,
ET DE L'ESPAGNOLE;

POVR SCAVOIR QVELLE
des deux est plus eloquente, & plus
capable d'écrire les Actions illustres
des grands Roys, & des grands
Ministres d'Estat.

Fait en forme de Panegyrique, adressé à Mon-
seigneur l'Eminentissime Cardinal Duc
de RICHELIEV.

Par le Sieur DE LA MARQVE.

A PARIS,

Chez CLAVDE MORLOT, ruë des Sept-voyes,
proche Sainct Hylaire.
____

M. DC. XXXIX.

ADVERTISSEMENT
AV LECTEVR.

I disputer encore de la Gloire, apres auoir merité l'honneur du Triomphe, est mettre à la direction de la Fortune ce qui a esté des-ja mis à la direction d'vn bon sens. Ie pense, mon cher Lecteur, que vous trouuerez estrange, que soubs l'effort d'vne vertu si foible que la mienne, I'aye pris la hardiesse de mettre sur les rangs, les deux plus belles Langues de l'Vniuers, pour faire connoistre à toute l'Europe, les auantages que l'vne peut auoir sur l'autre, à escrire les Eloges, & les Panegiriques qui se font à la memoire des grands Roys, & des grands Ministres d'Estat. Car outre que c'est vouloir Triompher en la plus haute, & la plus parfaite Eloquence, qui se puisse trouuer en tout genre d'escrire; Il ne seroit point juste que la Langue Françoise, qui est aussi riche que la Greque, & aussi graue que la Latine, & par consequent plus belle & plus douce que toutes les autres, se mit en lice pour disputer de la gloire de l'Eloquence, auec l'Espagnole, qui luy est de beaucoup inferieure, quoy qu'on die, en grace, en force, & en elegance. Mais puis qu'il n'est point hors de propos, de faire quelquefois semblant d'ignorer en public, ce qu'on sçait tres-bien en particulier; & que la Verité contestée se rend beaucoup plus forte, que si elle

n'auoit jamais receu aucune obejection; Ie ne fais point difficulté de croire, que vous n'eſtimiez grandement le deſſein que i'ay
de contribuer quelque choſe à la Gloire de mon Pays, par ceıte
adreſſe, dont ie me ſers pour releuer le luſtre, & la Maieſté de
ſa Langue. Et quoy qu'il ſoit difficile que l'inſuffiÉnce de l'Ou-
urier ne rande ſouuent vne belle matiere ſterile à produire de
grands effects; Ie vous donneray pour raiſon d'auoir heureu-
ſemēt vaincu ceſte difficulté, l'extréme affection que i'ay pour
ma Patrie, & le ſecret parıiculier que l'Eſpagne a fait auoir à
ma plume (comme vous auez peu voir par les liures Caſtillans
que i'ay donnez au public) de rabaiſſer auſſi juſtement nos ennemis par leur propre Lãgue, que nous les auons batıus coura-
geuſemēt par nos ſeules Armes. Paſſiõné de tout entreprendre,
pour eſſayer de paruenir à la gloire de bien meriter : I'ay donc
commencé de mettre auiour en la Langue de nos Ennemis, les
plus belles Actions, & les plus rares Exemples, que la fureur
de Mars, & la ſageſſe de Minerue ayentiamais fait voir en
leur plus ſuperbe appareil ; Et ay ſi hautement pourſuiuy le
cours de mon deſſein, rehauſſant en François le luſtre que la
force du Caſtillan n'a peu perfectioner en ſa langue, qu'il eſt
bien difficile d'en voir les traits, qu'on ne diſe auſſi-toſt, que
celuy-là connoiſt bien le merite du ſuiet, qui le ſçait traicter
auec tant d'Eloquence, & que pour deuenir grand Maiſtre à
bien faire, il n'eſt rien de meilleur, que de trauailler inceſſam-
ment pour ne point faillir.

PANEGIRIQVE
A MONSEIGNEVR
L'EMINENTISSIME
CARDINAL DVC
DE RICHELIEV.

ONSEIGNEVR,

En attendant que l'honneur de vos commandemens donne des Loix à ma volonté; ie n'ay point d'exercice meilleur que la contemplation des Vertus admirables de VOSTRE EMINENCE. Ce sont elles, MONSEIGNEVR, qui par vn nombre infiny de belles & gran-

A

des Actions , faisant refleurir en France la
Sageffe, & la Valeur , que la negligence du
Temps, & la confufion de l'Eftat y auoient
laiffé flétrir depuis tant d'années, la rendent
au jourd'huy triomphante , & paifible Mai-
ftreffe des Peuples & des Nations , fous le Regne, du plus Grand, du plus Iufte, & du plus Vi-
ctorieux Prince qui ait jamais porté Couronne.
I'aurois fort mauuaife grace de le dire , fi ie n'a-
uois affez de raifon pour le maintenir; Et fi Voftre Eminence, MONSEIGNEVR, qui eft vne bonne partie de la felicité du Regne de LOVYS LE
IVSTE, apres auoir égallé fes faicts à ceux des Ce-
fars, & des Alexandres, ne luy faifoit laiffer en
arriere tout ce qu'il y a de plus rauiffant en ce
Siecle, pour le faire atteindre, par l'adreffe de
fon incomparable Gouuernement, & l'heureufe
rencontre du riche naturel de fa Majefté , à la
perfection de ce grand Roy fon Predeceffeur;
qui occupant maintenant vne place de Sainct
dans le Ciel , luy fert d'exemple & de Patron
fur la Terre. Eftant plus veritable qu'éloquent,
ie ne me fçaurois étudier à prouuer par des
parolles , ce que mon Prince fait voir par fes
actions. Toutesfois fi des chofes diuines on
fait des maximes qui ne fe peuuent iamais re-

uocquer, la gloire de ſes belles entrepriſes brillant par tout le monde comme des éclairs, ne luy donnera pas ſeulement le rang que ſa Vertu luy fait meriter parmy les Sainêts & les Conquerans ; mais l'eſleuera à vn degré ſi haut, & ſi parfait de bon-heur, que faiſant le milieu de ſon Empire des Prouinces qui le bornoient il y a huiêt cens ans, il donnera ſujet à tous les Princes de l'Vniüers de courre à luy, pour admirer ſa gloire, & publier ſes loüanges. Et Voſtre Eminence, Monseignevr, qui a donné l'ame à ceſte belle matiere, dont le corps reluiſant, porte dé-ja ſa lumiere auſſi loin, que le Soleil fait les rayons de ſa teſte; quelle loüange, quelle Couronne, & quelle benediêtion ne merite t'elle pas des François? Certes, Monseignevr, s'il eſt des Royaumes tout ainſi que des Republiques ; cette ancienne Rome, dont le nom & l'éclat ont ie m'aſſeure quelque choſe de beaucoup plus grand & de plus illuſtre, que toutes les autres Monarchies n'ont peu mettre enſemble, n'a jamais eu tant d'obligation à aucun de ſes Citoyens, que la France vous en a. Car ſi ces grands Chefs d'Armee ont fait voir les Aigles Romaines, triomphantes & glorieuſes à la teſte

de leurs Legions , en autant de lieux, où leur
Ambition leur a fait porter les armes; L'intereſt
particulier , pluſtoſt que celuy du Public, em-
portant leur affection par vn mouuement
rapide & violant , leur a faict cueillir dans
le champ de Mars, les Lauriers & les Palmes
qu'ils ſe ſont acquis : comme perſonnes qui
ne recognoiſſant point d'autre Majeſté que la
leur, n'adoroient que la grandeur de leur Nom,
& le degré le plus éminent de leur Gloire. Mais
voſtre Eminence, Monseignevr, rendant à
ſon Souuerain, preſque le meſme honneur, & le
meſme reſpect qu'on feroit à Dieu, luy attribuë
auec raiſon , ce qu'elle execute auec courage;
Et comme ſi la conduite de l'Eſtat eſtoit vn
gage que la Prouidence euſt mis en ſes mains,
pour aſſeurance de l'Empire qu'il doit auoir
ſur toutes les Nations ; ſemblable à ces Eſtoil-
les qui ne repoſent jamais pour faire repoſer
le Monde, elle s'attache continuellement à l'a-
grandir , & ne ſe delaſſe point, que lors qu'elle
trauaille pour le repos de Lovys le Ivste.
Continuez, Monseignevr, à nous rendre
heureux par les Victoires que vous gaignez
quand il vous plaiſt , & que vous donnés à qui
bon vous ſemble. Nous ne craignons point

que

que vous changiez d'affection ; mais nous craignons que vous manquiez de fanté. Toutesfois voftre corps né à faire toute forte d'exer-
cices de Paix & de Guerre, ayant efté attacqué
par les maladies, en a furmonté glorieufement
les hazards, par le bon-heur de fa complexion
forte & vigoureufe, & le fecours de fon courage grand & admirable. Il a efté pouffé, non
pas abattu, puis que fe tenant toufiours ferme, il s'eft maintenu droit fur fes pieds, faifant connoiftre à l'affaillant par fa refiftence,
qu'il ne feroit jamais vaincu par fa force ; &
qu'il n'apartenoit point à vne fiévre caufee par
vn peu de fang corrompu, de ranger fous fes
Loix celuy que la Nature a fait naiftre, pour
gouuerner tout le Monde. Neantmoins, s'il
eft vray, Monseignevr, qu'il n'y a point
d'affection fi legitime, ny de gloire fi bien me-
ritee, qui n'emporte quelque chofe de noftre
vie ; & dont les caufes ne nous ayent coufté
bien cher, puis que les Sainƈts mefmes n'ont
pas laiffé de vieillir faifant des miracles ; Il eft
affeuré, que toute la Nature occupee à faire des
efforts pour executer les entreprifes de voftre
grand efprit, il ne fe peut faire que Voftre
Eminence, n'ait porté des cheueux gris en fes

B

plus belles & plus fleuriſſantes années, par
la foule meſme des honneurs qui l'ont accueil-
lie, pour la bien heurer de ſes faicts, & de ſes
Triomphes. On ne ſçauroit triompher, qu'on
n'ait premierement combattu ; & le Soleil ca-
ché quelque temps ſous l'obſcurité d'vne nuée,
paroiſt apres plus clair, & plus lumineux. Pour
eſtre au deſſus des tempeſtes, il faut eſtre ſur le
Mont Olimpe ; & pour n'eſtre point ſujet aux
accidens du corps, il faut eſtre détaché des
paſſions de l'Ame. L'eſprit trauaille, & le Corps
agit ; Pour eſtre vn grand Chef, il faut eſtre
vn fort Homme ; & l'eſprit ne peut pas bien
conduire vn Eſtat, ſi l'on n'a la main aſſez
forte pour executer : Et encor que les mo-
mens de voſtre repos ſoient autant de pertes
que fait la France ; Il eſt bon quelque fois
de s'arreſter, pour mieux courir ; d'autant
que fuyr les conſeils precipitez, c'eſt diſcou-
rir pour atteindre aux Conſeils bien pris.
Voſtre perſonne nous eſtant ſi chere, M O N-
S E I G N E V R, il n'eſt point juſte que vous
vous preſſiez, pour des conqueſtes qui ne nous
peuuent fuyr qu'auec voſtre vie. Le Roy ſera
bien, tandis que vous ne ſerez point mal ; Car
la peſanteur de ſa charge eſt bien grande, pour

croire qu'autre que vous le puiſſe ſecourir de
ſon ayde.   Il confie à voſtre ſoin, ce que voſtre
ſoin confie à la Sageſſe, & à la Prudence, que
toutes les puiſſances de la Terre ne ſçauroient
trouuer chez eux, au point que ſa Majeſté les
trouue chez vous. Les ayant ainſi à ſouhait, &
ſçachant qu'elles ſont les Maiſtreſſes de la vie;
qu'elles ne vous reffuſent rien de ce que vous
leur demandez, & que vous eſtes du naturel des
Anges, qui font en vn moment ce que les hommes ne ſçauroient faire en leur vie; Porté de la
paſſion que i'ay pour ma patrie, pouſſé de la raiſon, & contraint par quelque ſecrette Intelli-
gence, qui agitant continuellement mes ſens en
ce deuoir, me perſuade que le Monde doit ſon
reſtabliſſement à voſtre conduite; Ie conjure
voſtre Eminence, MONSEIGNEVR, de la part
du Roy, & de toute la France, & par tout ce
qu'il y a icy bas de plus venerable & de Sainct,
de n'abandonner point les rennes de l'Eſtat, que
premierement elle n'ait acheué les miracles que
la Prouidence luy a fait commencer aux yeux
de toute l'Europe.   Que ſi ces eſprits bizarres
dont l'auſterité ridicule fait trouuer des defauts
en la Lune, & des obſcuritez au Soleil, conti-
nuent encor d'infecter l'Air & la Terre contre la

PANEGIRIQVE.

conduite de voſtre Gouuernement admirable,
parce que le Roy a ruyné l’Hereſie, vaincu l’An-
gleterre, aſſeuré l’Italie, triomphé de l’Eſpagne,
humilié l’Empire, & replanté nos vieilles Co-
lonies ſur le bord du Rhin ; Souuenez-vous,
Monseignevr, qu’il n’apartient qu’à l’Eminence du grand Cardinal Duc de Richeliev, d’é-
leuer des Temples ſur leurs ruynes à l’honneur
de ſon Prince ; Et que ſi tant de grands hommes
qui ſe ſont perdus auec leur pays, preferant le
bien public à leur intereſt particulier, euſſent
fait autant d’eſtat de la conſeruation & du ſoula-
gement de leur Patrie, que de la haine & de l’en-
uie de leurs ennemis ; tenant ferme au maniment des affaires, comme fait le Pilote au gou-
uernail en temps de tourmante ; ils n’euſſent pas
ſeulement diſſipé l’orage qui les menaçoit , &
conduit l’Eſtat à bon port, mais acquis comme
vous, Monseignevr, vñe renommée qui les
eût fait viure autant que le monde. Neantmoins,
Monseignevr, Voſtre Eminence, loin du naturel farouche de cét Athenien, qui s’eſtoit decla-
ré ennemy de tous les hommes, ne veut pas ſeulement eſtre bien auec ceux qui l’ayment , mais
encor auec ceux qui le hayſſent. Pouuant con-
traindre les plus grandes Puiſſances d’obeyr à la

Raiſon

Raison par force, elle se contente de la leur faire
embrasser par douces semonces ; Et lors que la
necessité l'oblige à leur faire connoistre hautement, que nostre Lovys est leur Superieur par
les effects, elle leur fait voir encore mieux qu'il
l'est par la Iustice, & par l'équité. Pourueu que
ce soit le bien de son Maistre, ou de l'Estat, elle
n'a point de courage qui ne cede ; de pensée qui
ne s'abaisse, ny de volonté qui ne fléchisse.
Mais lors qu'il y va de l'interest de l'vn ou de l'autre, ou de tous les deux ; semblable à la cime des
Alpes, & plus constant & plus asseuré que n'est
le roch assis sur la Mer que les vents combattent
de toutes parts, elle preste le collet à tout le
Monde, & ne trouue de Puissance qui l'ébranle,
de subtilité qui le trompe, ny de Demon qui le
vainque. Cela estant recognu des vns, & admiré de tous, où trouuera-t'on de miracle, Monseignevr, qui puisse égaler son exemple ?
Sera-ce sous le Regne des Cesars, sous le Regne
des Seueres, ou sous le Regne de Trajan, ou des
Constantins ? ou bien en la premiere, en la secon-
de, ou en la troisiesme Monarchie ? Non, Monseignevr, de quelque costé que ie suyue le
Soleil, soit lors qu'il se leue, lors qu'il se couche,
quand il va vers le Midy, ou quand il tourne du

C

costé du Septentrion; Ie ne voy rien de rare ny
d'exquis en matiere de Gouuernement, qui ne
cede à l'adresse, à la vigueur, & à la fidelité du
sien, & dont l'eclat merueilleux comparé à la
splandeur de sa gloire, ne perde beaucoup de son
lustre. Il est vray, MONSEIGNEVR, que vous
estes venu soubs le Regne d'vn Prince, grand en
naissance, grand en courage, grand en esprit, &
grand en Iustice; Et que vostre sagesse estant
aussi vniuerselle que remplie d'experience, elle a
mis si parfaictement bien en son jour sa vie, qui
est le champ où toutes ces belles qualitez se font
élargies, par la conduite de vostre incomparable
jugement, & l'adresse incroyable de vostre rare
esprit, qu'il n'y a point de Prince aujourd'huy sur
la terre, qui apres en auoir admiré les actions, ne
se mette en deuoir d'en suiure les exemples. Mais
comme le Sculpteur, qui veut imiter vne statuë
faite par les mains de Phidias, ou de Michel An-
ge, se trouuant sans art pour ébaucher les mer-
ueilles qui se presentent à ses yeux, lors qu'il veut
commencer son ouurage, laisse tomber surpris
d'étonnement le cyseau de sa main, & se met à
contempler les traits hardis de ses maistres : De
mesme le Prince qui éleue ses pensées, iusques à
vouloir égaler ce qu'il luy sufit d'estimer & de

craindre, châgeant aussi tost son affection en ra-
uissement, se resout d'adorer, ce que son impuis-
sance luy deffend de faire. Aussi seroit-ce estre
par trop presomptueux, Monseignevr, que de
penser imiter ce que la Nature neveut desormais
exercer que par les mains de mon Roy, & par
l'esprit de vostre Eminence. Non; elle s'est obli-
gee à ne faire plus de miracles que par vous. Les
vents, & les nuées susciteront bien quelquefois
des tremblemens de terre, des débordemens de
riuieres, & des orages remplis de tonnerres, d'es-
clairs, & de foudres; Mais la Force, & la Iustice,
assistées de vos conseils, & de vostre Prudence
admirable, feront tousiours que sa Majesté bri-
dera la rage de la Mer, ramenera les Peuples à son
obeyssance, rejoindra les forces des-vnies; &
soufmetant également les méchans, & les bons,
sous les loix de la Raison, & de l'équité, contrain-
dra les plus grandes Puissances de faire joug à son
Empire, a fin que se tenans desormais dans leurs
bornes, elles ne troublent plus le repos de la
Chrestienté. Ce n'est pas vouloir faire le Pro-
phete, Monseignevr; Ie ne dis rien que ce qui se
voit. Il n'y a point d'ennemy qui ne l'auoüe,
d'amy qui ne l'admire, ny de grandeur qui ne le
connoisse. Bien que l'esprit de sa Majesté soit

C ij

diuin, & que son iugement soit aussi grand que
son corps est fort & vigoureux, il ne fait rien que
par le conseil & par l'aduis de ses plus fidelles
Ministres. Que celuy qui voudra donner la me-
daille de son Destin, se resolue donc de la faire
grauer sans reuers; mais auec vne seule face, qui
represente vn siecle plein de prosperité & de
gloire. Le malheur ne sçauroit auoir de part en
son Regne. L'Ascendant qui preside à la splen-
deur des Estats, & a la felicité des grands Roys,
estant tout pour luy, lors que la Nature le fit naî-
tre au Monde, luy donna pour bornes de ses con-
questes, les extremitez de la Terre, & pour Mi-
nistre de ses Conseils, le grand RICHELIEV. Qui
est à l'abry d'vn tel Port, est en estat d'entreprendre tout, & de ne craindre rien; Et bien qu'il soit
aussi facile à mon Roy de vaincre; qu'il luy est
aisé d'attaquer; Il est si moderé en ses desirs, &
la Iustice le rend si circonspect à n'entreprendre
rien sur ses Voisins; que si la raison ne le contraint de courre sus au Parjure, au Tyran, ou au
Rebelle, il preferera tousiours le bien de visiter
son Royaume, & le contentement de reigler
son Peuple, à l'honneur de gaigner des batailles,
& au profit d'acquerir des Empires. Comme il a
toutes les actions d'vn grand Conquerant, il a

toutes

toutes les vertus d'vn Saint homme. Il n'eſt rien
de ſi difficile que de ſe vaincre ſoy-meſme. Des
Anges ſe ſont autresfois perdus, pour ne l'auoir
peu faire; Et toute la Morale ſouuent empeſchee
de perſuader à ceux que la Puiſſance a éleuez
par deſſus les Loix, qu'il y ait rien de plus juſte,
que ce qui eſt plus profitable, a fait connoiſtre ſi
aiſement à noſtre grand Prince, ce que les autres
n'ont peu voir qu'au trauers d'vn voile; que dans
la grãdeur de la Fortune qui l'enuironne, il tient
qu'il n'y a rien de licite que ce qui eſt juſte, rien
de genereux que ce qui eſt Sainct, n'y rien d'ay-
mable que ce qui eſt approuué de Dieu & des
hommes ; & ſe tient ſi parfaictement bien dans
le milieu que ſon jugement luy a fait choiſir,
pour ſe maintenir Monarque tres-puiſſant, &
Roy tres-Religieux, qu'il reçoit à meſme temps,
& d'vne meſme main, les victoires que vos conſeils luy perſuadent, & les benedictions que toutes les Nations de la Terre luy donnent, comme
au Roy le plus juſte, & le plus triomphant qui
ſera iamais. Quelques grands Princes, M o n-
ſeignevr, qu'ayent eſté les Antonins, les Gor-
dians, & les Theodoſes, leur gouuernement
n'a pas eſté touſiours d'vn meſme train. Le vice
& la mauuaiſe fortune, auſſi bien que la vertu

& le bon-heur, se font faits connoistre quelquefois en leurs mœurs au maniment des affaires; &
leur Regne diuersifié de plusieurs succez bons,
& mauuais, a changé souuét de face, mais Monseignevr, celuy de nostre Roy, beaucoup plus
heureux que celuy de ces Princes, est constant,
plein, graue, égal; tousiours juste, tousiours
triomphant, tousiours asseuré, tousiours victo-
rieux. Ce grand Heros est né; il a appris; il s'est
poly, joignant par Art à la Nature, ce que le sang
de mille Roys ne sçauroit donner; & puis que
ce n'est que par vn ordre raisonnable qu'on vient
à l'estre d'vn homme parfaict, il a bien commencé par l'enfance, mieux continué par l'adoles-
cence, perseueré tres-parfaictement par la jeu-
nesse, & finira par vne triomphante & glorieuse
vieillesse. I'aurois beaucoup à dire, Monseignevr, sur ceste matiere, qui n'est pas moins
vostre que le corps est à l'ame; si ie n'en reseruois
les meilleures pensées pour le Panegirique que
ie me suis resolu d'en faire en Castillan, à la gloire
de sa Majesté, où les Espagnols verront en leur
propre langue iusques dans la Mexique, partie
des actions de ce grand Genie, qui ayant ébranlé
leur superbe Empire, ils nomment *Demonio,*
écrites par la main d'vn François. Et bien qu'ils

ne foient adorateurs que de leurs ouurages, &
qu'il foit difficille de voir fans regret, les armes
defquelles on a efté battu; ie m'affeure qu'ils ne
fe fçauroient empefcher de l'admirer, quand la
douleur des coups qu'ils receurent à Veillane,
& à Pignerol, leur feroit craindre vn nouueau
danger, par le renouuellement de leurs vieilles
playes.   Ce n'eft pas neantmoins auec ce dif-
cours, Monseignevr, mais auec celuy d'vn
autre qui feroit auffi éloquent que ie fuis affe-
ctionné, qu'on pourroit dire la verité de tres-
bonne grace ; que l'honneur des hommes fe
pourroit rendre pareil à celuy des Dieux, & que
l'éclat des chofes prefantes, ne fçauroit eftre of-
fufqué par la beauté des chofes futures.   Les
actions qu'on efcrit, Monseignevr, ont
vn merueilleux luftre, lors que la Majefté des
paroles correfpond à la grandeur du fujet. Ie
m'affeure que les hiftoires de Tacite, & de Sue-
tone, n'ont pas efté moins vtiles à la gloire de
Cefar, & à la felicité d'Augufte, que la journée de
Pharfale, & la bataille d'Action ; & que fi Dio-
cletian, Probus & Seuere, euffent eu des perfon-
nes auffi capables d'efcrire leurs faicts, qu'ils eu-
rent des grands Capitaines, pour conduire leurs
entreprifes, l'éclat de leurs belles actions, qui ti-

roit de leur temps en admiration les Roys & les
Peuples, auroit de beaucoup amoindry la gloire
des premiers Cesars ; & la memoire de leur vertu, qui a passé assez modestement iusques à nous,
brauant l'orgueil de la mort, leur auroit fait su-
perbement egaler la longueur des Siecles. Monseignevr, faites des actions dignes d'vn clair
jour, où tous les Peuples de la Terre soient as-
semblés, pour y apprendre l'art de gaigner des
Villes, & des Batailles : Quand vous auriez vne
flotte de mille vaisseaux, & qu'auec cét heur qui
accompagna vostre Vertu , lors qu'on vid
couler à fonds l'Armée des Anglois, & prendre
la Rochelle, vous feriez voir la Mer qui est entre
la Sicile & la Sardaigne, toute couuerte de feu,
& de sang : Quand aux Termopyles, à Lepante,
& à Salamine, vous auriez surmonté les forces
de toute l'Affrique, comme vous fistes sous la
conduite de sa Majesté, au pas de Suze, à Veil-
lano, à Pignerol & à Cazal, celles de l'Espagne,
de la Sauoye, de l'Italie, & de l'Allemagne :
Quand par vn siege de Rhodes, de Naples, &
de Mexique, vous auriez donné sujet à la France, d'éleuer plus haut ses triomphes , qu'on
ne les vit il y a quatre ans, à Auein, à Corbie,
à Sainct Iean de Losne, à Landrecy, & à Dam-
villiers :

villiers:Quand és Ifles les plus recullées de l'O-
cean, vous vous feriez dreffé des Trophées encore plus fuperbes, que ne font ces effroyables
monts de Lauriers, que voftre Eminence & nos
Generaux d'armée ont erigés à mõ Roy, és Ifles
de Prouence, à Locate, à Sainct Iean de Luz, &
au Catelet : Quand par des exploicts plus admirables, que n'en fit jamais Cefar és Gaules, ny le
jeune Pompée en la Mer de Sicile, tant qu'il fut
heureux, vous auriez pris prifonniers dix Roys
en dix batailles, comme nous fifmes il y a fix
mois, trois Generaux d'Armee en vn feul combat : Quand furpaffant fur l'Ocean, le bon-heur
qui accompagna Don Iuan, lors qu'il deffit
l'Armee du Turc à Lepante, vous triompheriez
plus glorieufement en la Mer de Sur, que nos
Galleres ne triompherent dernierement fur la
Mer de Genes : Quand par des fuccez inoüys,
foulant aux pieds l'orgueuil des plus grandes, &
plus fortes Villes de l'Vniuers, vous rendriez
moins illuftre le fiege de Troye, & de Numan-
ce, que mon Roy n'a fait celuy d'Oftende, & de
Breda, par la prife de Brifac: Quand la fureur de
Mars auroit allumé au cœur de nos Soldats, de-
uant la Ville de Prague, plus de chaleur, & de
feu, que n'en montra les jours paffez noftre Ar-

E

mee ſoubs la conduite du grand Duc de Vei-
mar ; lors que loin & pres de ce grãd Bouleuard
de l'Allemagne, il falut combatre & vaincre par
trois fois toutes les forces de l'Eſpagne, & de
l'Empire, qui s'eſtoient aſſemblees pour le ſecourir, jointes en vn corps d'Armee : & qu'auec ces
troupes victorieuſes, vous auriez élargy nos conqueſtes en vn ſeul voyage, depuis le Boſphore,
iuſques au détroit de Gibraltar, faiſant des deux
colomnes d'Hercule, deux forts de la France:
Quand és pleines du Piedmont par vn dernier
combat, vous auriez rédu l'Europe auſſi aſſeurée
à mon Roy, que vous auez fait la Lorraine, &
comme contraint les Contois, ceux de Bauiere,
& le reſte de l'Alzaſſe à ſe rendre à noſtre mercy,
le baſton blanc à la main, par la foibleſſe que tous
ces peuples ont deſcouuerte en la Maiſon d'Au-
ſtriche, en ceſte derniere occaſion, qui ne leur
importoit pas moins que de l'honneur de leurs
armes, & de la conſeruation de tous leurs Eſtats;
Quand vous auriez deſeſperé mille Bachas,
comme vous auez fait des Spinolas, des Vales-
teins, des Ieans de Verts, des Sauellis, & des
Galas ; Que vous auriez donné la ſouueraineté
des Mers à l'eſtendart de la France ; & qu'apres
auoir mis pied à terre en Syrie, & gaigné mille

batailles contre les Othomans , vous auriez
eftendu la domination des fleurs de Lis par tout
le rond de la terre habitable ; Le temps qui ne
refpecte rien, & qui confomme tout , en eftein-
droit vn jour fi malheureufement la memoire,
s'il ne fe trouuoit quelque bel efprit qui prift le
foin de l'efcrire d'vne bonne main , qu'il n'en
refteroit non plus de fouuenance que des chofes
qui n'ont iamais efté. Et puis qu'il eft au pouuoir
des Mufes d'eternifer la gloire d'vn Triôphe qui
ne dure qu'vn jour, & de perpetuer l'honneur
d'vn combat qui ne dure qu'vne heure ; continuez à vous les rendre fi fauorables, MONSEI-
GNEVR, par des courtoifies qui tranfportent leur
efprit de refentiment, dans les plus releuez tons
de leurs concerts admirables , qu'elles puiffent
dire de vous, ce que la Prouidence Eternelle a
ordonné à la gloire & honneur des hommes qui
fe releuent auec des auantages fi grands(comme
vous auez fait) par deffus leurs femblables. Elles
ne fçauent que c'eft de flatter comme des efcla-
ues , mais font libres, Royales, & fi glorieufes,
qu'elles ne donnent jamais leur voix qu'à qui
bon leur femble. De moy qui ay toufiours hon-
noré la Vertu felon les degrez de fa perfection, ie
la contemple en voftre Eminence MONSEI-

E ij

GNEVR, auec des rauiſſemens d'autant plus grands, que ie la voy toute telle qu'elle eſtoit à Rome, auant que l'abondance des richeſſes, & la brigue des honneurs, euſſent peruerty la raiſon des loix, & la conſcience des Magiſtrats. Et certes, puis qu'il y a de l'honneur à rejetter ce qui eſt vulgaire, pour embraſſer courageuſement ce qui eſt parfaict; & que ſuiuant la loy de Dieu, il vaut mieux perdre le temps à la recherche d'vne bonne choſe, que de paruenir à vne mauuaiſe; Ie veux faire en ſorte, que ceſte Vertu qui fait eſtimer les grands hommes, comme des Roys, & fait reuerer les grands Roys, comme des Dieux, ſoit placee ſi hautement parmy la diuerſité de vos belles actions, & le nombre infiny de vos grandes penſées, qu'il n'y ait que ceux que le Ciel a deſtinés pour faire des miracles, & vous MONSEIGNEVR, qui y puiſſent atteindre. A l'vn de ſes deux coſtez on y verra marcher la Felicité, & de l'autre la Renommée, qui publiera à toutes les Nations de la Terre, comme voſtre eſprit a eſté touſiours la deffenſe de l'Egliſe, les délices de la Religion, & le ſupport des Eſtats; Qu'il eſt ſorty de voſtre ame, comme de la plus belle ſource du Monde, des Conſeils de Paix, & des adreſſes de Guerre, qui doiuent regir les Peuples ſous les

loix

loix de la Raiſon & de la Pieté; Que voſtre Vertu vous a fait eſtimer des grandeurs Eccleſiaſti-
ques, craindre des Puiſſances temporelles, & ay-
mer de LOVYS LE IVSTE ; Que vous auez
éleué ſon Regne au comble de tout bon-heur,
& proſperité ; Que vous auez contraint ſes ennemis à le rechercher, perſuadé ceux qui luy
eſtoient indiferens de le ſeruir, & obligé tous les
bons François à vous donner leur cœur, & leur
ame. Ce ne ſont pas de petits biens, MONSEI-
GNEVR, puis que la Fortune qui s’attribuë le
plus ſouuent vne bonne partie des belles, & glorieuſes actions des Princes, ne peut rien preten-
dre à ce que la naiſſance & voſtre ſeul merite
vous ont fait auoir. S’il eſt dõc vray que des cho-
ſes apparentes on peut tirer les effects de la verité, ie tiens pour certain, MONSEIGNEVR, que
vous viurez le plus grand, & le plus glorieux
Prince qui ſe vid iamais dans l’Egliſe ; & que
ceſte felicité ſe perpetuera ſi hautement dedans
voſtre Maiſon, qu’on n’y verra deſormais qu’vn
triomphe eternel de bien, & de gloire. Mes eſ-
crits prenant leurs cours par les cercles des âges,
porteront ſur les aiſles du temps ceſte verité; Et
encor que ce ne ſoit pas vn petit bien de ſçauoir
que la Poſterité les reuerera comme des Ora-

cles ; ie prefereray toufiours à cefte belle renommée, la faueur que ie receuray , fi vous me faites
l'honneur de croire, que ie fuis,

DE VOSTRE EMINENCE.

MONSEIGNEVR,

Le tres-humble, tres-fidelle, &
tres-obeyffant feruiteur.

DE LAMARQVE.